БИБЛИОТЕКА
ДЕТСКОГО ЧТЕНИЯ.

СОБАКИ

НА СЛУЖБЕ ЧЕЛОВЕКУ.

Под редакцией Н. В. ТУЛУПОВА.

Цена 2 руб. 50 коп.

ГОСУДАРСТВЕННОЕ ИЗДАТЕЛЬСТВО.
Москва.—1919.

Музгарко.

I.

Старик лежал на своей лавочке у печи, закрывшись старой дохой из вылезших оленьих шкур. Было рано или поздно—он не знал, да и знать не мог, потому что светало поздно, а небо еще с вечера было затянуто низкими тучами. Вставать ему не хотелось: в избушке было холодно, а у него уже несколько дней болели и спина и ноги. Спать он тоже не хотел, а лежал так, чтобы провести время. Да и куда ему было торопиться? Его разбудило осторожное царапанье в дверь, — это просился Музгарко, небольшая пестрая вогульская собака, жившая в этой избушке уже лет десять.

— Я вот тебе задам, Музгарко!.. — заворчал старик, кутаясь в свою доху с головой. — Ты у меня поцарапайся...

Собака на время перестала скоблить дверь своей лапкой, потом вдруг взвыла протяжно и жалобно.

— Ах, чтоб тебя волки съели! — обругался старик, поднимаясь с лавки.

Он в темноте подошел к двери, отворил ее и все понял — отчего у него болела спина и отчего завыла собака. Все, что можно было рассмотреть в приотворенную дверь, было покрыто снегом. Да, он ясно теперь видел, как в воздухе кружилась живая сетка из мягких пушистых снежинок. В избе было темно, а к снегу все видно — и зубчатую стенку стоявшего за рекой леса, и надувшуюся, почерневшую реку, и каменистый мыс, выдавшийся в реку круглым уступом. Умная собака сидела перед раскрытой дверью и такими умными, говорящими глазами смотрела на хозяина.

— Ну, что же, значит, конец!.. — ответил ей старик на немой вопрос собачьих глаз. — Ничего, брат, не поделаешь... Шабаш!..

Собака вильнула хвостом и тихо взвизгнула тем ласковым визгом, которым встречала одного хозяина.

— Ну, шабаш, ну, что поделаешь, Музгарко! Прокатилось наше красное летичко, а теперь заляжем в берлоге...

На эти слова последовал легкий прыжок. Музгарко очутился в избушке раньше хозяина.

— Не любишь зиму? А?— разговаривал старик с собакой, растоплял старую печь, сложенную из дикого камня.—Не нравится? А?..

II.

Пока старик растоплял печь, уже рассвело. Серое зимнее утро занялось с таким трудом, точно невидимому солнцу было больно светить. В избушке едва можно было рассмотреть дальнюю стену, у которой тянулись широкие нары, устроенные из тяжелых деревянных плах. Единственное окно, наполовину залепленное рыбьим пузырем, едва пропускало свет.

Музгарко сидел у порога и терпеливо наблюдал за хозяином, изредка виляя хвостом. Но и собачьему терпению бывает конец, и Музгарко опять тихо взвизгнул.

— Сейчас, не торопись, — ответил ему старик, подвигая к огню чугунный котелок с водой.—Успеешь...

Музгарко лег и, положив остромордую голову в передние лапы, не спускал глаз с хозяина. Когда старик накинул на плечи дырявый пониток, собака радостно залаяла и бросилась в дверь.

— То-то вот у меня поясница третий день болит,—объяснил старик собаке на ходу.— Оно и вышло, что к ненастью. Вона как снежок подваливает...

За одну ночь все кругом совсем изменилось,—лес казался ближе, река точно сузилась, а низкие зимние облака ползли над самой землей и только не цеплялись за верхушки елей и пихт. Вообще вид был самый печальный, а пушинки снега продолжали кружиться в воздухе и беззвучно падали на помертвевшую землю.

— Скоро обоз придет,—объяснил старик собаке.— Привезут нам с тобой и хлеба, и соли, и пороху... Вот только избушка наша совсем развалилась, Музгарко.

III.

Осенний день короток. Старик все время проходил около своей избушки, поправляя и то и другое, чтобы лучше ухорониться на зиму. В одном месте мох вылез из пазов, в другом бревно подгнило, в третьем угол совсем осел и, того гляди, отвалится. Давно бы уж новую избушку пора ставить, одному, все равно, ничего не поделать.

— Как-нибудь, может, перебьюсь зиму, — думал старик вслух, постукивая топором в стену. — А вот обоз придет, так тогда...

Выпавший снег все мысли старика сводил на обоз, который приходил по первопутку, когда вставали реки.

Рис. 1.

Людей он только и видел один раз в году. Было о чем подумать... Музгарко отлично понимал каждое слово хозяина и при одном слове

„обоз" смотрел вверх реки и радостно взвиз-
гивал, точно хотел ответить, что вон, мол, откуда придет обоз-то, из-за мыса.

IV.

Кончив работу, старик сел на обрубок дерева
под окном избушки и задумался. Собака села
у его ног и положила свою умную голову к
нему на колени. О чем думал старик? Первый
снег всегда и радовал его и наводил тоску,
напоминая старое, что осталось вон за теми
горами, из которых выбегала р. Студеная. Там
у него был и свой дом, и семья, и родные были,
а теперь никого не осталось. Всех он пережил,
и вот где привел Бог покончить век: умрет—
некому глаза закрыть. Ох, тяжело старое оди-
ночество, а тут лес кругом, вечная тишина и
не с кем слова сказать. Одна отрада остава-
лась: собака. И любил же ее старик, гораздо
больше, чем любят люди друг друга. Ведь она
была для него все и тоже любила его. Не один
раз случалось так, что на охоте Музгарко жерт-
вовал своей собачьей жизнью за хозяина, и уже
два раза медведь помял его за отчаянную
храбрость.

— А ведь стар ты стал, Музгарко, — говорил старик, гладя собаку по спине. — Вон и спина прямая стала, как у волка, и зубы притупились, и в глазах муть... Эх, старик, старик, съедят тебя зимой волки!.. Пора, видно, нам с тобой и помирать...

Собака была согласна помирать. Она только теснее прижималась всем телом к хозяину и жалобно моргала. А он сидел и все смотрел на почерневшую реку, на глухой лес, зеленой стеной уходивший на сотни верст туда, к студеному морю, на чуть брезжившие горы в верховьях Студеной, — смотрел и не шевелился, охваченный своей тяжелой стариковской думой.

V.

Стала и Студеная. Горная холодная вода долго не замерзает, а потом лед везде проедается полыньями. Это ключи из земли бьют. Запасал теперь старик свежую рыбу, которую можно было сейчас морозить, как рябчиков. Лиха беда в том, что времени было мало. Того и гляди, что подвалит обоз.

— Скоро, Музгарко, харч нам придет...

Собственно, хлеб у старика вышел еще до заморозков, и он подмешал к остаткам ржаной муки толченую сухую рыбу. Есть одно мясо или одну рыбу было нельзя. Дня через три так отобьет, что потом в рот не возьмешь. Конечно, самоеды и вогулы питаются одной рыбой, так они к этому привычны, а русский человек—хлебный, и не может по-ихнему.

Обоз пришел совершенно неожиданно. Старик спал ночью, когда заскрипели возы, и послышался крик:

— Эй, дедушка, жив ли ты?.. Принимай гостей... Давно не видались.

Старика больше всего поразило то, что Музгарко прокараулил дорогих жданных гостей. Обыкновенно он чуял их, когда обоз еще был версты за две, а нынче не слыхал. Он даже не выскочил на улицу, чтобы полаять на лошадей, а стыдливо спрятался под хозяйскую лавку и не подал голоса.

— Музгарко, да ты в уме ли?—удивлялся старик.—Проспал обоз... Ах, нехорошо!

Собака выползла из-под лавки, лизнула его в руку и опять скрылась: она сама чувствовала себя виноватой.

— Эх, стар стал: нюх потерял,—заметил с грустью старик.—И слышит плохо на левое ухо.

VI.

Обоз состоял из возов пятидесяти... На Печору чердынские купцы отправляли по первопутку хлеб, соль, разные харчи и рыболовную снасть, а оттуда вывозили свежую рыбу. Дело было самое спешное, чтобы добыть печорскую рыбу раньше других, — шла дорогая печорская семга.

Обоз должен был сломать трудную путину в две недели, и ямщики спали только во время кормежек, пока лошади отдыхали. Особенно торопились назад, тогда уж и спать почти не приходилось. А дорога через Волок была трудная, особенно горами. Дорога скверная, каменистая, сани некованные, а по речкам везде наледи и промоины. Много тут погублено хороших лошадей, а людям приходилось работать как нигде: вывозить воза в гору на себе, добывать их из воды, вытаскивать из раскатов. Только одни колвинские ямщики и брались за такую проклятую работу, потому что гнала на Печору горькая нужда.

VII.

В зимовье на Студеной обоз делал передышку: вместо двухчасовой кормежки лошади здесь отдыхали целых четыре. Казарму старик подтопил заранее; ямщики, пустив лошадей к корму, завалились спать на деревянных нарах ямщичьим мертвым сном. Не спал только молодой приказчик, еще в первый раз ехавший на Печору. Он сидел у старика в избушке и разговаривал.

— И не страшно тебе в лесу, дедушка?

— А чего бояться, Христос с нами! Привычное наше дело. В лесу выросли...

— Да как не бояться: один в лесу...

— А у меня песик есть. Вот вдвоем и коротаем время. По зимам вот волки одолевают, так он мне вперед сказывает, когда придут они в гости. Чует... И дошлая: сама подманивает волков. Они бросятся за ней, а я их из ружья... Умнейшая собака: только вот не скажет, как человек. Я с ней всегда разговариваю, а то, пожалуй, и говорить разучишься...

— Зачем же песик под лавкой-то лежит?

— А устыдился, потому обоз прокараулил, стар стал... Два раза меня от медведя ухранил: медведь-то на меня, а он его и остановит. Прежде я с рогатиной ходил на медведя, когда еще в силе был, и как один меня починил, ну, я уж из ружья норовлю его свалить.

Тоже его надо умеючи взять: смышленый зверь.

— Ну, а зимой-то, поди, скучно в избушке сидеть?

— Привычное дело... Вот только праздник когда, так скучновато. Добрые люди в храме Божьем, а у меня волки обедню завывают. Ну, я тогда свечку затеплю перед образом, и сам служу, пою... Со слезами тоже молюсь.

Славный этот приказчик, молодой такой, и все ему надо знать. Старик обрадовался живому человеку и все рассказывал про свою одинокую жизнь в лесу.

— У меня по весне праздник бывает, милый человек, когда с теплого моря птица прилетит. И сколько ее летит,—туча... По Студеной-то точно ее насыпано... Всякого сословия птица: и утки, и гуси, и кулики, и чайки, и гагары... Выйдешь на заре, так стон идет по Студеной. И нет лучше твари, как перелетная птица: самая Божья тварь... Большие тыщи верст летит, тоже устанет, затощает и месту рада. Прилетела, вздохнула денек и сейчас гнезда налаживать... А я хожу и смотрю: мне Бог гостей прислал. Одного только у меня не хватает, родной человек: который год прошу ямщиков,

— 12 —

чтобы петушка мне привезли... Зимой-то ночи долгие, конца нет, а петушок-то и сказал бы, который час на дворе.

— В следующий раз я тебе привезу самого горластого, дедушка, как дьякон будет орать.

— Ах, родной, то-то уважил бы старика... Втроем бы мы вот как зажили! Скучно, когда по зимам мертвая тишь встанет, а тут бы петушок, глядишь, и вывеселил... Тоже не простая тваринка петушок-то: другой такой нет, чтобы часы сказывала. На потребу человеку петушок сотворен.

Приказчика звали Флегонтом. Он оставил старому Елеске и муки, и соли, и новую рубаху, и пороху, а на обратном пути с Печоры привез подарок.

VIII.

— Я тебе часы привез, дедушка,—весело говорил он, подавая мешок с петухом.

— Ах, кормилец, ах, родной... Да как я тебя благодарить буду? Ну, пошли тебе Бог всего, чего сам желаешь. Поди, и невеста где-нибудь подгляжена, так любовь да совет...

— Есть такой грех, дедушка, — весело ответил Флегонт, встряхивая русыми кудрями. — Ну, оставайся с Богом.

Ушел обоз в обратный путь, и остался старик с петушком. Радости-то сколько... Пестренький петушок, гребешок красненький — ходит по избушке, каждое перышко играет. А ночью как гаркнет... То-то радость и утешение. Каждое утро стал Елеска теперь разговаривать с своим петушком, а Музгарко их слушает.

— Что, завидно тебе, старику? — дразнит Елеска собаку. — Только твоего и ремесла, что лаять... А вот ты по-петушиному спой!..

IX.

Заметил старик, как будто заскучал Музгарко. Понурый такой ходит... Неможется что-то собаке. Должно полагать, ямщики сглазили.

— Музгарушко, да что это с тобой поприключилось? Где болит?..

Лежит Музгарко под лавкой, положил голову между лапами и только глазами моргает.

Всполошился старик: накатилась беда нежданная. А Музгарко все лежит, не ест, не пьет и не подает голоса.

— Музгарушко, милый!..

Вильнул хвостом Музгарко, подполз к хозяину, лизнул руку и тихо взвыл. Ох, плохо дело...

Ходит ветер по Студеной, наметает саженные сугробы снега, завывает в лесу, точно голодный волк, и избушка Елески совсем потонула в снегу. Торчит без малого одна труба, да вьется из нее синяя струйка дыма...

Вот пурга уже две недели, не выходит из своей избушки старик и все сидит над больной собакой. А Музгарко лежит и едва дышит: пришла Музгаркина смерть.

— Кормилец ты мой... — плачет старик и целует верного друга. — Родной ты мой... Ну, где болит?

Ничего не отвечает Музгарко, как раньше. Он давно почуял свою смерть и молчит... Плачет, убивается старик, и помочь нечем: от смерти лекарства нет. Ах, горе какое лютое привалилось... С Музгаркой умерла последняя надежда старика, и ничего, ничего не осталось для него, кроме смерти. Кто теперь будет искать белку, кто облает глухаря, кто выследит оленя? Смерть без Музгарки, ужасная голодная смерть!

X.

Воет пурга, а старик вспоминает, как жил он с Музгаркой, как ходил на охоту и промышлял себе добычу. Куда он без собаки?

А тут еще волки... Учуяли беду, пришли к избушке и завыли. Целую ночь так-то выли, надрывая душу. Некому теперь пугнуть их, облаять, подманить на выстрел... Вспоминается старику случай, как одолевал его медведь-шатун. Шатунами называют медведей, которые во-время не залегли с осени в берлогу и бродят по лесу. Такой шатун — самый опасный зверь. Вот и повадился медведь к избушке: учуял запасы у старика. Как ночь, так и придет. Два раза на крышу залезал и лапами разгребал снег. Потом выворотил дверь в казарме и утащил целый ворох запасенной стариком рыбы. Озлобился на него старик за озорство, зарядил винтовку пулей и вышел с Музгаркой. Медведь так и прянул на старика и наверно бы его смял под себя, прежде чем тот успел бы в него выстрелить, но спас Музгарко. Ухватил он зверя сзади и посадил, а Елескина пуля не знала промаха. Да мало ли было случаев, когда собака спасала старика...

XI.

Музгарко издох перед самым Рождеством, когда мороз трещал в лесу. Дело было ночью. Елеска лежал на своей лавочке и дремал. Вдруг его точно что-то кольнуло. Вскочил он вздул огня, зажег лучину, подошел к собаке—Музгарко лежал мертвый... Елеска похолодел: это была его смерть.

— Музгарко. Музгарко... — повторил несчастный старик, увидя мертвого друга. — Что я теперь буду делать без тебя?

Не хотел Елеска, чтобы волки съели мертвого Музгарку, и закопал его в казарме. Три дня он долбил мерзлую землю, сделал могилу и похоронил в ней верного друга.

Из рассказа Д. Н. Мамина-Сибиряка.

———

Вопросы. 1) Как проводили день старик и Музгарко?

2) Почему они не любили зиму?

3) Почему старику был приятен приход обоза?

4) Кем был Музгарко для старика?

5) Почему старик любил Музгарку?

6) Как проводили зиму старик и собака?

7) Почему собака проспала приход обоза?

8) Легко ли было ямщикам ехать с обозом?

9) Почему собака во время стоянки обоза лежала под лавкой?

10) Какую пользу приносил петух?

11) Что случилось с Музгаркой?

12) Что потерял старик со смертью Музгарки?

13) Какую пользу приносил ему Музгарко?

Каштанка.

I.

Молодая рыжая собака, очень похожая мордой на лисицу, бегала взад и вперед по тротуару и беспокойно оглядывалась по сторонам. Изредка она останавливалась и, плача, приподнимая то одну озябшую лапу, то другую, старалась дать себе отчет: как это могло случиться, что она заблудилась?

Она отлично помнила, как она провела день и как, в конце-концов, попала на этот незнакомый тротуар.

День начался с того, что ее хозяин, столяр Лука Александрыч, надел шапку, взял под мышку какую-то деревянную штуку, завернутую в красный платок, и крикнул:

— Каштанка, пойдем!

Услыхав свое имя, такса вышла из-под верстака, где она спала на стружках, сладко потянулась и побежала за хозяином. Заказчики Луки Александрыча жили ужасно далеко, так что, прежде чем дойти до каждого из них, столяр должен был по нескольку раз заходить в трактир и подкрепляться. Каштанка помнила, что по дороге она вела себя крайне неприлично. От радости, что ее взяли гулять, она прыгала, бросалась с лаем на вагоны конно-железки, забегала во дворы и гонялась за собаками. Столяр то и дело терял ее из виду, останавливался и сердито кричал на нее.

II.

Побывав у заказчиков, Лука Александрыч зашел на минутку к сестре, у которой пил и закусывал; от сестры пошел он к знакомому переплетчику, от переплетчика—в трактир, из трактира—к куму и т. д. Одним словом, когда Каштанка попала на незнакомый тротуар, то уже вечерело.

Каштанка бегала взад и вперед и не находила хозяина, а между тем становилось темно. По обе стороны улицы зажглись фонари, и в окнах домов показались огни. Шел крупный пушистый снег и красил в белое мостовую, лошадиные спины, шапки извозчиков, и чем больше темнел воздух, тем белее становились предметы. Мимо Каштанки, заслоняя ей поле зрения и толкая ее ногами, безостановочно взад и вперед проходили незнакомые заказчики. (Все человечество Каштанка делила на две очень неравные части: на хозяев и на заказчиков; между теми и другими была существенная разница: первые имели право бить ее, а вторых она сама имела право хватать за икры.) Заказчики куда-то спешили и не обращали на нее никакого внимания.

Когда стало совсем темно, Каштанкою овладели отчаяние и ужас. Она прижалась к какому-то подъезду и стала горько плакать

Рис. 2.

Целодневное путешествие с Лукой Александрычем утомило ее, уши и лапы ее озябли, и к тому же еще она была ужасно голодна. За весь день ей приходилось жевать только два раза: покушала у переплетчика немножко клейстеру, да в одном из трактиров около прилавка нашла колбасную кожицу — вот и все.

III.

Каштанка ни о чем не думала и только плакала. Когда мягкий пушистый снег совсем облепил ее спину и голову, и она от изнеможения погрузилась в тяжелую дремоту, — вдруг подъездная дверь щелкнула, запищала и ударила ее по боку. Она вскочила. Из отворенной двери вышел какой-то человек, принадлежащий к разряду заказчиков. Так как Каштанка взвизгнула и попала ему под ноги, то он не мог не обратить на нее внимания. Он нагнулся к ней и спросил:

— Псина, ты откуда? Я тебя ушиб? О, бедная, бедная... Ну, не сердись, не сердись... Виноват.

Каштанка поглядела на незнакомца сквозь снежинки, навислие на ресницы, и увидала перед собой коротенького и толстенького человечка с бритым пухлым лицом, в цилиндре и в шубе нараспашку.

— Что же ты скулишь?—продолжал он, сбивая пальцем с ее спины снег.—Где твой хозяин? Должно-быть, ты потерялась? Ах, бедный песик! Что же мы теперь будем делать?

Уловив в голосе незнакомца теплую, душевную нотку, Каштанка лизнула ему руку и заскулила еще жалостнее.

— А ты хорошая, смешная!—сказал незнакомец.—Совсем лисица! Ну, что ж, делать нечего, пойдем со мной! Может-быть, ты и сгодишься на что-нибудь... Ну, фюйть!

Он чмокнул губами и сделал Каштанке знак рукой, который мог означать только одно: „пойдем!" Каштанка пошла.

IV.

Не больше как через полчаса она уже сидела на полу в большой светлой комнате и, склонив голову на бок, с умилением и с любопытством глядела на незнакомца, который сидел за столом и обедал. Он ел и бросал ей кусочки... Сначала он дал ей хлеба и зеленую корочку сыра, потом кусочек мяса, полпирожка, куриных костей, а она с голодухи все это съела так быстро, что не успела разобрать вкуса. И чем больше она ела, тем сильнее чувствовала голод.

— Однако плохо же кормят тебя твои хозяева! — говорил незнакомец, глядя, с какою свирепою жадностью она глотала неразжеванные куски. — И какая ты тощая! Кожа да кости...

Каштанка съела много, но не наелась, а только опьянела от еды. После обеда она разлеглась среди комнаты, протянула ноги и, чувствуя во всем теле приятную истому, завиляла хвостом.

V.

— Эй, ты, пес, поди сюда! — сказал новый хозяин, кладя матрасик в углу около дивана. — Ложись здесь. Спи!

Затем он потушил лампу и вышел. Каштанка разлеглась на матрасике и закрыла глаза; с улицы послышался лай, и она хотела ответить на него, но вдруг неожиданно ею овладела грусть. Она вспомнила Луку Александрыча, его сына Федюшку, уютное местечко под верстаком... Вспомнила она, что в длинные зимние вечера, когда столяр строгал или читал вслух газету, Федюшка обыкновенно играл с нею. Он вытаскивал ее за задние лапы из-под верстака и выделывал с нею такие фокусы, что у нее зеленело в глазах и болело во всех суставах. Он заставлял ее ходить на задних лапах, изображал из нее колокол, т.-е. сильно дергал ее за хвост, отчего она визжала и лаяла, давал ей нюхать табаку. И чем ярче были воспоминания, тем громче и тоскливее скулила Каштанка.

Но скоро утомление и теплота взяли верх над грустью... Каштанка заснула.

VI.

Когда Каштанка проснулась, было уже светло и с улицы доносился шум, какой бывает только днем. В комнате не было ни души. Каштанка потянулась, зевнула и, сердитая, угрюмая, прошлась по комнате. Она обнюхала углы и мебель, заглянула в переднюю и не нашла ничего интересного. Кроме двери, которая вела в переднюю, была еще одна дверь. Подумав, Каштанка поцарапала ее обеими лапами, отворила и вошла в следующую комнату. Тут на кровати, укрывшись байковым одеялом, спал заказчик, в котором она узнала вчерашнего незнакомца.

— Гррр… — заворчала она, но, вспомнив про вчерашний обед, завиляла хвостом и стала нюхать.

Она понюхала одежду и сапоги незнакомца и нашла, что они очень пахнут лошадью. Из спальни вела куда-то еще одна дверь, тоже затворенная. Каштанка поцарапала эту дверь, налегла на нее грудью, отворила и тотчас же почувствовала странный, очень подозрительный запах. Она увидела нечто неожиданное и страшное. Пригнув к земле шею и голову, растопырив крылья и шипя, прямо на нее шел серый гусь. Несколько в стороне от него, на матрасике, лежал белый кот; увидев Каштанку, он вскочил, выгнул спину в дугу, задрал хвост, взъерошил шерсть и тоже зашипел.

Собака испугалась не на шутку, но, не желая выдавать своего страха, громко залаяла и бросилась к коту. Кот еще сильнее выгнул спину, зашипел и ударил Каштанку лапой по голове. Каштанка отскочила, присела на все четыре лапы и, протягивая к коту морду, залилась громким, визгливым лаем; в это время гусь подошел сзади и больно долбонул ее клювом в спину. Каштанка вскочила и бросилась на гуся…

— Это что такое?—послышался громкий, сердитый голос, и в компату вошел незнакомец в халате и с сигарой в зубах.—Что это значит? На место!

Он подошел к коту, щелкнул его по выгнутой спине и сказал:

— Федор Тимофеич, это что значит? Драку подняли? Ах, ты, старая каналья! Ложись!

И, обратившись к гусю, он крикнул:

— Иван Иваныч, на место!

Кот покорно лег на свой матрасик и закрыл глаза. Судя по выражению его морды и усов, он сам был недоволен, что погорячился и вступил в драку. Каштанка обиженно заскулила, а гусь вытянул шею и заговорил о чем-то быстро, горячо и отчетливо, но крайне непонятно.

— Ладно, ладно!—сказал хозяин, зевая.— Надо жить мирно и дружно.—Он погладил Каштанку и продолжал:—А ты, рыжик, не бойся... Это хорошая публика, не обидит. Постой, как же мы тебя звать будем? Без имени нельзя, брат.

Незнакомец подумал и сказал:

— Вот что... Ты будешь Тетка... Понимаешь? Тетка!

И, повторив несколько раз слово „Тетка", он вышел. Каштанка села и стала наблюдать.

Кот неподвижно сидел на матрасике и делал вид, что спит. Гусь, вытягивая шею и топчась на одном месте, продолжал говорить о чем-то быстро и горячо. Повидимому, это был очень умный гусь; после каждой длинной тирады он всякий раз удивленно пятился назад и делал вид, что восхищается своею речью... Послушав его и ответив ему: „рррр...", Каштанка принялась обнюхивать углы. В одном из углов стояло маленькое корытце, в котором она увидела моченый горох и размокшие ржаные корки. Она попробовала горох—не вкусно, попробовала корки—и стала есть. Гусь нисколько не обиделся, что незнакомая собака поедает его корм, а, напротив, заговорил еще горячее и, чтобы показать свое доверие, сам подошел к корытцу и съел несколько горошинок.

VII.

Немного погодя опять вошел незнакомец и принес с собою какую-то странную вещь, похожую на ворота и на букву П. На перекладине этого деревянного, грубо сколоченного П висел колокол и был привязан пистолет: от языка колокола и от курка пистолета тянулись веревочки. Незнакомец поставил П посреди комнаты, долго что-то развязывал и завязывал, потом посмотрел на гуся и сказал:

— Иван Иваныч, пожалуйте!

Гусь подошел к нему и остановился в ожидательной позе.

— Ну-с,—сказал незнакомец,—начнем с самого начала. Прежде всего поклонись и сделай реверанс! Живо!

Иван Иваныч вытянул шею, закивал во все стороны и шаркнул лапкой.

— Так, молодец... Теперь умри!

Гусь лег на спину и задрал вверх лапы. Проделав еще несколько подобных неважных фокусов, незнакомец вдруг схватил себя за голову, изобразил на своем лице ужас и закричал:

— Караул! Пожар! Горим!

Иван Иваныч подбежал к П, взял в клюв веревку и зазвонил в колокол.

Незнакомец остался очень доволен. Он погладил гуся по шее и сказал:

— Молодец, Иван Иваныч! Теперь представь что ты ювелир и торгуешь золотом и бриллиантами. Представь теперь, что ты приходишь к себе в магазин и застаешь в нем воров. Как бы ты поступил в данном случае?

Гусь взял в клюв другую веревочку и потянул, отчего тотчас же раздался оглушительный выстрел. Каштанке очень понравился звон, а от выстрела она пришла в такой восторг, что забегала вокруг П и залаяла.

— Тетка, на место! — крикнул ей незнакомец. — Молчать!

Работа Ивана Иваныча не кончилась стрельбой. Целый час незнакомец гонял его вокруг себя на корде и хлопал бичом, при чем гусь должен был прыгать через барьер и сквозь обруч, становиться на дыбы, т.-е. садиться на хвост и махать лапками. Каштанка не отрывала глаз от Ивана Иваныча, завывала от восторга и несколько раз принималась бегать за ним с звонким лаем. Утомив гуся и себя, незнакомец вытер со лба пот и крикнул:

— Марья, позови-ка сюда Хавронью Ивановну!

VIII.

Через минуту послышалось хрюканье... Каштанка заворчала, приняла очень храбрый вид и на всякий случай подошла поближе к незнакомцу. Отворилась дверь, в комнату поглядела какая-то старуха и, сказав что-то, впустила черную, очень некрасивую свинью. Не обращая никакого внимания на ворчанье Каштанки, свинья подняла вверх свой пятачок и весело захрюкала. Повидимому, ей было очень приятно видеть своего хозяина, кота и Ивана Иваныча. Когда она подошла к коту и слегка толкнула его под живот своим пятачком и потом о чем-то заговорила с гусем, в ее движениях, в голосе и в дрожании хвостика чувствовалось много добродушия. Каштанка сразу поняла, что ворчать и лаять на таких субъектов бесполезно.

Хозяин убрал П и крикнул:

— Федор Тимофеич, пожалуйте!

Кот поднялся, лениво потянулся и нехотя, точно делая одолжение, подошел к свинье.

— Ну-с, начнем с египетской пирамиды,— начал хозяин.

Он долго объяснял что-то, потом скомандовал: „раз... два... три!" Иван Иваныч при слове „три" взмахнул крыльями и вскочил на спину свиньи. Когда он, балансируя крыльями и шеей, укрепился на щетинистой спине, Федор Тимофеич вяло и лениво, с явным пренебрежением и с таким видом, как будто он презирает и ставит ни в грош свое искусство, полез на спину свиньи, потом нехотя взобрался на гуся и стал на задние лапы. Получилось то, что незнакомец называл „египетской пирамидой". Каштанка взвизгнула от восторга, но в это время старик-кот зевнул и, потеряв равновесие, свалился с гуся. Иван Иваныч пошатнулся и тоже свалился. Незнакомец закричал, замахал руками и стал опять что-то объяснять. Провозившись целый час с „пирамидой", неутомимый хозяин принялся учить Ивана Иваныча ездить верхом на коне, потом стал учить кота курить и т. п.

Ученье кончилось тем, что незнакомец вытер со лба пот и вышел. Федор Тимофеич брезгливо фыркнул, лег на матрасик и закрыл глаза. Иван Иваныч направился к корытцу, а свинья была уведена старухой. Благодаря массе новых впечатлений день прошел для Каштанки незаметно, а вечером она со своим матрасиком была уже водворена в комнатке с грязными обоями и ночевала в обществе Федора Тимофеича и гуся.

Из рассказа А. П. Чехова.

Вопросы. 1) При каких обстоятельствах заблудилась Каштанка?

2) Что случилось с Каштанкой, когда она заблудилась?

3) О чем думала Каштанка, когда настала ночь?

4) Кто был ее новый хозяин?

5) Назовите новых товарищей Каштанки.

6) Что делали животныя?

7) Как проводила день Каштанка?

8) Чему училась Каштанка?

9) Охотно ли она исполняла свои обязанности?

10) Как относился к собаке Федя и как ее новый хозяин?

СОДЕРЖАНИЕ.

Тип. „Московское Издательство“, Остоженка, Савеловский пер.